RALPH RUTHE

# SHIT HAPPENS!

## DAS GROSSE TRÖSTBUCH

EINBRECHER!!!
SPIEL NICHT DEN HELDEN, THOMAS!

ICH RUFE AN WEGEN DES "BAUCH-WEG-TRAINERS"!

DU SOLLST DIE TÜR NICHT SO KNALLN!!!
Ruthe

IM LAGER IST AUCH NICHTS! ABER ICH BIN MIR SICHER, ICH HATTE NOCH 150 TÜTEN EUKALYPTUS-BONBONS!
VIELLEICHT DIE PRAKTI-KANTIN?

FREDERIK, WIR SIND SEIT ACHT MONATEN KEIN PAAR MEHR! WIR SOLLTEN AUCH AUFHÖREN, MITEINANDER ZU SCHLAFEN!
FINDEST DU ECHT, MUTTER?
Ritter

HARRY, BITTE SEI NICHT TRAURIG, ABER... DU BIST NUR ADOPTIERT!
ICH WUSSTE ES!
Ratte

HERR DOKTOR! STÄNDIG HAB ICH DIESES ZIEHEN IM EUTER!
Rattu

UPS.

CLAUDIAAA! DU HAST SCHON WIEDER VERGESSEN, DAS FUSSELSIEB REINZUTUN!!!
SCHLOOOORK...
Ruthe

MEIN GOTT! ES IST GENAU WIE IN MEINEM ALPTRAUM! DER TYP, DIE SÄGE... UND ICH KANN NICHT WEGLAUFEN!

NA, SUPER! ELEFANTEN-RENNEN!
GÜNNI
KLAUS

ALSO SAGTE ICH ZU IHM: „GEH NICHT SO NAH RAN, SCHATZ!" ABER ER...
BERUHIGEN SIE SICH! ES WAR EIN UNFALL!

PIZZA TONNO?
DAS...ÄÄH... MUSS FÜR DEN ...GLLLP... NEBENTISCH... HRRGGH...

DAS WAR ALSO ÖLFILTER WECHSELN, SOMMERREIFEN DRAUF, NEUES BREMSLICHT HINTEN LINKS, KOFFERRAUMSCHLOSS REPARIERT UND HYDRAULISCHE PRESSE!
JA, ABER...
JETZT KOMM'SIE MIR BLOSS NICHT MIT „JA, ABER"!

ACH JA? NA, DAFÜR WARN DA VORNE ABER AMEISEN!

UND, CAROLIN? WIE LIEF DAS WOCHENENDE MIT UNSEREN ZWEI HOSEN-SCHEISSERN?
ZWEI???

KOMISCH... ICH HAB SO EINE SELTSAME VORAHNUNG!
Rutter

FOLGEN SIE DIESEM WAGEN!
HUNDE-FÄNGER
TAXI

JETZT HAM WIR EIN PROBLEM: DA HAT EIN GAST TATSÄCHLICH SEINEN KEKS GEGESSEN...
ACH DU SCHEISSE! UND ICH HAB' HIER SCHON 'NE BESTELLUNG FÜR TISCH NEUN!

OSCAR?

GIBT'S WAS SCHÖNERES ALS EINEN FRISCHEN KUHFLADEN?
Ratte

SCHATZ, ICH WILL EIN KIND VON DIR!
DANN NIMM DIR HALT EINS, ABER MACH DEN DECKEL WIEDER DRAUF...

ELKE? WANN HAST DU DAS EISFACH ZULETZT ABGETAUT?

ICH HABE GESAGT, ES WIRD NICHT MEHR HEIMLICH GELESEN!

BUHUHUUHUU
SNIFF!
VERDAMMT! JEDES MAL DAS GLEICHE!

RUFEN WIR JETZT DEN FÖRSTER ODER RTL 2?

IHR IDIOTEN! DAS WAR DOCH NUR DER FENSTER-PUTZER!

TITANIC
DAS IST SCHON GANZ SCHÖN SO! VIELLEICHT JETZT DEN EISBERG NUR NOCH ETWAS WEITER NACH LINKS!

HÖRT DIESER HOLPERWEG DENN NIE AUF?
BUMP BUMP

OBEN MUSSTEN WIR ALLES NEU MACHEN! DAS SAH JA SCHLIMM AUS!

DIE WARN'S ALLE NICHT! ABER ICH HAB TOTAL LUST, DIE NR. 3 IN DIE SCHEISSE ZU REITEN...
ÖFTER MAL WAS NEUES! FRANK! WIEDER DER HASE!
1
2
3
4
5

SIE NEHMEN ABER ECHT STEINALTES BROT, WAS ?
BLUNK!

DIE BEDIENUNG TUT SO, ALS GÄB'S UNS GAR NICHT!

GABI IST VERSCHWUNDEN!
ANGEBER!

DIE SKANDAL-AUSSTELLU
KÖRPERWELTE
!! WÜRG!
10 Wiener

ERST IST MIR NUR DER AUTOSCHLÜSSEL REINGEFALLEN...

Sauna

WISSEN SIE, DAS SCHLIMMSTE HIER DRAUSSEN IST DIE EINSAMKEIT!

DAS IS VIELLEICHT N SCHEISS SPIELSALON! DER KICKER IS TOTAL KAPUTT!
QUEUES GAB'S AUCH KEINE...

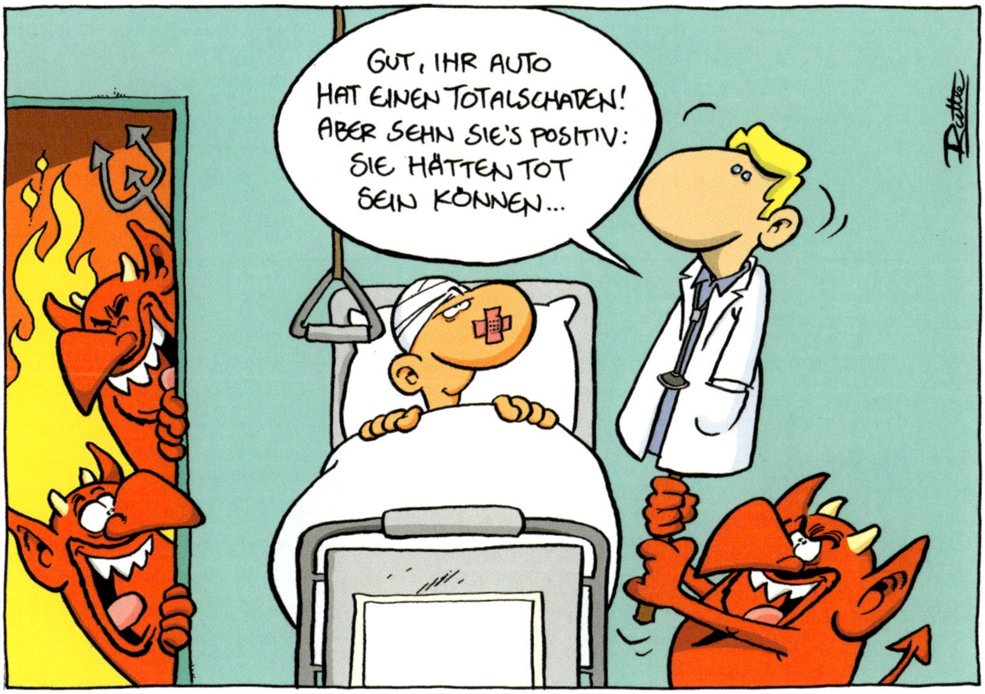
GUT, IHR AUTO HAT EINEN TOTALSCHADEN! ABER SEHN SIE'S POSITIV: SIE HÄTTEN TOT SEIN KÖNNEN...

SCHEISSE! **WIEDER** DANEBEN!

OJEOJE! DIE... DIE SCHÖNE... ÄÄÄH... KAFFEE-TASSE!
VIREN
KILLER-VIREN
Rattle

MAMA, WARUM BIN ICH SO ANDERS ALS DIE ANDEREN KINDER?
DAS LIEGT AN DEINEM VATER, MEIN SCHATZ!
PAPA IST WIEDER ZU HAUSE!

FINISH
?

PUZZLE
NATÜRLICH! EIN TEIL FEHLT IMMER!

DIE GUTE NACHRICHT: SIE KOMMEN RAUS AUS DEM KRANKEN-HAUS ...
HOSPIT
iiiiiik

Checkliste
1. Kapuze
2. Falltür
3. SEIL!
Ruthe

UND ICH SAG NOCH ZU IHM: „SETZ DEINEN HELM AUF!“

GESUNDHEIT.
SNIF
PIZZA

HAST DU DEN HUND SCHON GEFÜTTERT?
NÖ. DU?
BONZO

ACH JA... DAS WAR AUCH IMMER MEIN TRAUM: VON ZU HAUSE AUS ARBEITEN!

NICHT WEINEN! "KRÜMEL" IST JETZT IM HAMSTERHIMMEL!
SNIF

GLAUBEN SIE WIRKLICH, DER FAHRSTUHL KOMMT SCHNELLER, NUR WEIL SIE ÖFTER DRÜCKEN?
ICH HAB SCHON PFERDE KOTZEN SEHN!
IMMER DIESE ALTE GESCHICHTE...
1234

DAS IST OLE, ICH BIN SVEN! UNSER CHEF SIEHT DAS HIER GAR NICHT GERNE, MEIN FREUND...
IKEA
IKEA
HOT DOG

Rathe
EINE ÜBER-RASCHUNG? HEISST DAS, DU BIST NICHT MEHR BÖSE MIT MIR?

EIGENTLICH MÜSSTE ICH DIE WAHRHEIT AUS DIR RAUSPRÜGELN! ABER ICH KANN NICHT!
DU BIST EINFACH ZU NIEDLICH!!!
HIHI! WAS FÜR PUSCHLIGE OHREN SIE HABEN...

WO BIST DU NUR MIT DEINEN GEDANKEN? WIR HÄTTEN DIE LETZTE AUSFAHRT AB GEMUSST!
TURNIER-PFERDE

ABER HERR NOLTING! AUCH WENN DER TOTE EINEN ORGAN-SPENDER-AUSWEIS HATTE...

LASST IHN GRAD NOCH EINSTEIGEN!
PFF! ICH MUSS LACHEN!
PSSST!
Rötti

HARRR! MIST! DER TAG FÄNGT JA GUT AN...
?

DIE TOTAL
VERRÜCKTE
ACHTERBAHN

ES WAR EINMAL...
NICHT ERZÄHLEN, DASS MAMA UND PAPA SICH NICHT MEHR LIEB HABEN!
Ratte

ACH DU SCHEISSE!
ALLERDINGS! DER KAMIN MUSS ERST NOCH ERFUNDEN WERDEN, ÜBER DEM DAS NICHT ALBERN AUSSIEHT!
Ralf

ABSCHLUSSBALL DER THERAPIE-SELBSTHILFEGRUPPE „FINGERNÄGEL-KAUER"
WIR HABEN DIE KNABBEREIEN VERGESSEN?!

HAHAHAA! DIE WELTHERRSCHAFT! ENDLICH! UND ES WAR SO EINFACH!
HERR PRÄSIDENT? HIER SIND EIN PAAR STAATS-VERTRETER, DIE SIE GERNE MAL STREICHELN MÖCHTEN...

OKAY, WER HAT HIER GEFURZT?

MARVIN? WO IST TOM? SEINE MUTTER MÖCHTE GEHEN!
NICHT IN DEN PROPELLER! NICHT IN DEN PRO... OJE...
LEB WOHL, KLEINR FREUND!
Rattu

WEITER NACH LINKS!
Rutter

DAS KÖNNTE JETZT ETWAS WEH TUN!

IM NAMEN DER PHYSIK! SOFORT AUFHÖREN!
POLIZEI
Raetter

AH!
3× FALSCHES
PASSWORT,
WAS ?
Ruthe

LASS MICH AUCH MAL!
TOK TOK TOK TOK TOK
Rattke

SUPERMARKT
MACH DEN VERKEHRSFUNK AN! DAS WILL ICH HÖRN!
Rattre

MARIJKE! RUF SOFORT DEN MAKLER AN!!!
Rutter

EINFACH MAL WAS VERRÜCKTES MACHEN...
Rattre

SEHT MAL! WENN ICH DAS BUCH AUS DEM REGAL ZIEHE, ÖFFNET SICH DER EINGANG ZU EINEM GEHEIMEN SWINGER-CLUB!
UND DA IST JA AUCH TIMMY!
WAFF! WAFF!
Top 1:
Neue Zielgruppen-erschließung f. Segment Hörspiel
Ratke

BEATE, VOR FÜNFUNDZWANZIG JAHREN HABEN SIE IHREN SOHN AUF EINEM KOSTÜMFEST VERLOREN. WAS WÜRDEN SIE SAGEN, WENN WIR IHN GEFUNDEN HÄTTEN ...?
Ruthe

SCHEISSE! HIER GIBT'S BLUTEGEL!
WAS HAST DU GESAGT?

MARLIS! DEIN HUND TRINKT SCHON WIEDER AUS DER KLO-SCHÜSSEL!

ICH HAB MIR GEDACHT: MAL WAS ANDERES ALS NE BABY-KLAPPE...

BJØRN
49€
HANS?
LØCH
19€

VERDAMMT! MIR IST SCHON WIEDER DER PAPAGEI INS OHR GEFALLEN!

HIER IST FREDERIK! HINTERLASST EINE NACH-RICHT! PIIIEP
SCHADESCHADE, FREDERIK! WÄRST DU DA, KÖNNTEST DU JETZT BEI RADIO HERTZ 97,9 **50.000 EURO** GEWINNEN! HAHAHA! NICHT DEIN GLÜCKS-TAG, WAS?

SCHATZ, REDE DOCH MIT MIR!
ERST WILL SCHATZ KEKS!

MEIN PAPA SAGT, DU BIST GAR KEIN RICHTIGER JUNGE!

„TOTSTELLEN"! ECHT NE SUPER MASCHE, UM AUS DEM KÄFIG ZU KOMMEN!
HALT DIE FRESSE UND GRAB!

UND ALS ER NACH DER DRITTEN PRISE IMMER NOCH NICHT EINSCHLAFEN WOLLTE …
Rütter

iiiiK!
WAHNSINN!
ER FUNKTIONIERT!
TRAMP-O
3000
Rattke

TACH, FETTSACK! HAST DU SCHON DEN NEUEN GESEHN? DER IST LILIPUTANER!
MAN SAGT NICHT LILIPUTANER, DU BEHINDI!
HE, KENNT IHR DEN NEUESTEN NEGERWITZ?

ICH ERZÄHLE WOHL BESSER KEINE SCHENKELKLOPFER MEHR ...

SAMMELN SIE PUNKTE?
TATAL
Ruthe

MENSCH, CHEF! SO EIN ZUFALL! ICH BIN'S, GERD DANNEWITZ AUSM LAGER!
Ratte

HERRSCHAFTEN! ICH BETONE NOCH EINMAL, DASS IN UNSEREN LABORS KEIN MENSCHLICHES ERBGUT VERÄNDERT WIRD!
ABER WIR HABEN FIPS ASMUSSEN GEKLONT! DAS IST DOCH AUCH GRUSELIG, ODER?
Dr. Eggers
Dr. Brockat

ICH FÜRCHTE, DA HAT UNSER AZUBI EINEN FEHLER GEMACHT!
TIER-PRÄPERATOR
NATURKUNDE
MUSEUM

PST! KEIN WORT MEHR: ER KOMMT!

Arsch der Welt
OKAY! JETZT HABEN WIR UNS VERFAHREN!

OH MEIN GOTT! DER „HÄUTER" HAT WIEDER ZUGESCHLAGEN!
OH MEIN GOTT!

NA UND? ANDERE LESEN AUF DEM KLO...

HMMM... IHRE BLUTWERTE SIND IN ORDNUNG, ABER FÜR IHR KAPUTTES KNIE MÜSSEN WIR SIE EIGENTLICH ERSCHIESSEN!
GULP!

... UND DANN HAT FREDERIK GESAGT „WETTEN, DASS DU DAS NICHT MACHST?" UND ICH HAB GESAGT „UM WIEVIEL?"...
10
Rathe

SAG, FINDEST DU MICH ZU FETT?
Rutter

DAS NENNEN SIE EIN GUTES PAPST-DOUBLE??
WIESO? KOALAS SCHLAFEN DOCH AUCH BIS ZU ACHTZEHN STUNDEN AM TAG...
Ruthe

HEY GABI! NEUE TÖNUNG UND NEUER SCHNITT?
Ratte

OOH NEIIIN!!! WARUM AUSGERECHNET IMMER VOR EINER WICHTIGEN VERABREDUNG??

SEHN WIR DER TATSACHE DOCH EINFACH INS AUGE: PINGUINE KÖNNEN NICHT FLIEGEN!

PEGGY? VOR MIR SIND JETZT DIE BEIDEN DRÄHTE! BITTE WEITERE INSTRUKTIONEN, PEGGY! HÖRST DU? PEGGY BITTE KOMMEN!

EINE VERFLUCHTE SCHEISS-IDEE WAR DAS!

IHR NEUER FILM HEISST „RADIO“! WAS SPIELEN SIE DARIN…?
DIE SUPERHITS DER 80ER, 90ER UND DAS BESTE VON HEUTE.
MOVI
CLUB

NA GUT! WENN'S WIEDER KEINER GEWESEN SEIN WILL, WERDEN WIR SCHON IRGENDEINEN SCHULDIGEN FINDEN!
BESTIMMT WIEDER ICH…

Dr. med. Thomas Frenzl Plastische Chirurgie
WENN ICH DIE KOHLE HÄTTE, WÜRD ICH'S AUCH MACHEN LASSEN…

MEIN NAME IST HOLGER UND MEIN PROBLEM IST, DASS ICH IMMER DAS WILL, WAS ANDERE HABEN!
HALLO HOLGER!
MOMENT MAL! DAS IST DOCH **MEIN** PROBLEM!

ICH MUSS DRINGEND NEUE FOTOS MACHEN LASSEN.
Ratke

MAURICE! ICH BIN ES LEID, DASS DU DICH IMMER IN DEN MITTELPUNKT DRÄNGEN MUSST!
Ratter

SNIF.
GESUND-
HEIT!
Ruthe

Ratte

IHR WOLLT MICH WOHL VERSCHEISSERN, WAS?
Dr. Röbl
HALS-, NASEN-
OHRENARZT
Ratte

DAS WAREN ALSO 7 GEISSLEIN, EIN LEBKUCHENHAUS UND EIN VERGIFTETER APFEL ! MACHT 84 GOLDSTÜCKE ...
LARS, WÄRST DU BITTE SO NETT?

„SPLORTSCH"??

OKAY, DAS HABEN WIR ERWARTET! UND GESCHMACKLICH?
A
B
C
Ratten

DAS DA SCHEINT JA EINE FLEISSIGE MILCHKUH ZU SEIN!
DIE? DIE HAT NE LACTOSE-ALLERGIE!
Rattke

MAHLZEIT! MICH SCHICKT DAS ARBEITS-AMT!

SO LANGE DEINE FÜSSE UNTER MEINEM TISCH SIND...

HERR OBER! AUF MEINEM TELLER KLEBT EINE 1-EURO-MÜNZE!
OH! DANN ISST DIE KLOFRAU GRADE IHR LAMM-CARRÉE!

DAS WOLLT ICH AUCH IMMER SCHON MAL MACHEN...

Erwachet!

UND AUS DENEN MACHEN WIR COCKTAIL-WÜRSTCHEN!

VORSICHT! STUFE!!
SCHÖPFEREI

IHRE BLUT-PROBE SIEHT SOWEIT SEHR GUT AUS, HERR LORENZ!
DAS WAR EINE URIN-PROBE!

KOMMST DU NOCH AUFN KAFFEE MIT RAUF ?
ÄÄÄH...

SIE SIND GAR NICHT TAUB! SIE SIND NUR IM HERBSTSTURM SPAZIEREN GEGANGEN!
WER IST IN EINEM ZWERG-TURM IN BRASILIEN GEFANGEN?

ICH FRAGE MICH : IST DAS JETZT GUT ODER SCHLECHT ?

DIE VERFOLGUNGS-JAGD FINDE ICH EIN BISSCHEN ZU LANG!
Rattee

JETZT NOCHMAL GANZ LANGSAM! ER HAT ALSO DIE LETZTE MILCH GETRUNKEN, OBWOHL ER WUSSTE, DASS SIE ALS NÄCHSTES KEKSE ESSEN WOLLTEN... UND DANN?
WIE... "UND DANN"?
Ruthe

COOL! MIT GRÜNEM PAPRIKA FUNKTIONIERT'S AUCH!

SUUUPIII! UND JETZT DIE SCHAUKEL, PAPA!

ES IST AUCH **MEIN** SOHN! UND ICH FINDE, ER HATTE JETZT WIRKLICH LANGE GENUG STUBENARREST!!!
AUA!

DIE GUTE NACHRICHT: DAS EXPERIMENT HAT FUNKTIONIERT! DIE SCHLECHTE: EINE UNSICHTBARE BOA CONSTRICTOR FLÜCHTET DURCHS LABOR...

WIE PEINLICH! DU BIST IMMER DER EINZIGE, DER NACH DER LANDUNG KLATSCHT!
ONK.
FLAT! FLAT! FLAT!

PAPA? BINDEST DU MIR DIE SCHUHE ZU?
HÄTTE ICH DOCH BLOSS INNERHALB MEINER SPEZIES ADOPTIERT...

HIER IST EIN HAAR IN DER... OH... ÄH... DANN... MUSS ES WOHL DOCH VON MIR SEIN...

BEEINDRUCKEND! WIE SCHAFFT EIN SO KLEINER BERG EIN SO GEWALTIGES ECHO?

HA! WER SIEHT **JETZT** ALBERN AUS?

?
AAAAH!!
MONIKA!
WARUM?
WARUM???

BEIM SCHLUSS VON „PHILADELPHIA" MUSS ICH IMMER HEULEN! DU AUCH?
BLURGLBL
Ratte

EINES TAGES, MEIN SOHN, WIRD DAS ALLES DIR GEHÖREN!
Rutte

Ratte

IHR IDIOTEN! ICH HABE AUSDRÜCKLICH "NYLONSTRÜMPFE" GESAGT!
DAS WAR DAS EINZIGE, WAS KARL UND MIR GEPASST HAT, BOSS!
BANK

INDIANER! UND SIE HABEN KANONEN!
BUMM!

ICH GLAUBE, LASSIE WILL UNS WAS SAGEN...

DA! MALTE HAT SCHON WIEDER ALLE KÜHLSCHRANK-MAGNETEN!
HEY! DU WOLLTEST EIN ANDROIDEN-KIND!

WAR JA KLAR! WIEDER MAL IST NACH DEM WASCHEN EINE SOCKE ZU VIEL IN DER MASCHINE...

UND JETZT... DIE AUGEN AUF!!!
OOOOH...
ALLES GUTE ZUM GEBURTSTAG!

...UND ALS JÖRG ZUM ACHTEN MAL DIE SCHLÜSSEL VERBUMMELT HAT, HABEN WIR ALLE ZELLENSCHLÖSSER DURCH KLETTVERSCHLÜSSE AUSGETAUSCHT!
DAS HABEN DIE TOTAL LANGE GAR NICHT GEMERKT!

BEWAFFNETER BANKÜBERFALL! DREI JAHRE OHNE BEWÄHRUNG! UND DU?
ICH BIN NUR EIN KLEINER FISCH...
Ruthe

SIND SIE SICHER, DASS ICH WEITER-MACHEN SOLL?
HAIR
Ruthe

NAAATÜRLICH! KAUM ZÜND ICH MIR NE ZIGARETTE AN, KOMMT DER BUS!

NEHMEN SIE DIE HIER. ALLE AUF EINMAL!
SIE **SIND** NICHT CHEFARZT DR. STÖSSING!
Ratte

SIE VERKLAGEN MICH AUF EIGEN-BEDARF? DAS IST DOCH ABSURD!
ACH JA? DA KOMMT MEIN ANWALT!
Rutter

NATÜRLICH! EINE FRAU!
Ratte

DEN REISS-VERSCHLUSS ABGERISSEN? HERRGOTT! DU BIST GENAU WIE DEIN VATER!
HAST DU GERUFEN, BEATE?

PHANTOM!
DER OPA!
Ralf

HALLO SCHATZ! ICH SEH NUR GRAD NACH DEN KINDERN, DANN MACH ICH DIR WAS ZU ESSEN!
BEIDES NICHT NÖTIG!

Verbesserungs-Vorschläge

ICH HÄTT GERN EIN NASEN-PIERCING!
THOMAS! EIN MAL DIE HILTI!

HEY! DU NIMMST ANHALTER MIT??
TOTAL UNVER-NÜNFTIG, ICH WEISS.

UND...? HABEN SIE OFT SOLCHE INTERNET-BLIND-DATES?
ICH? NEIN! ;-)

GLAUBEN SIE MIR! ES FEHLT GARANTIERT KEIN TEIL!
FROCK!
PINØCCHIØ
IKEA

ICH HÖRE IMMER SO EIN SUMMEN!
INTERESSANT! WELCHE MELODIE?

HABEN SIE EIN UNANGEMELDETES RADIO- ODER FERNSEH-GERÄT...?
SIE KOMMEN UNGÜNSTIG! MEINE FRAU IST SCHWANGER UND ICH MUSS JETZT MIT DEM HUND RAUS!

NUN, IHRE ZEUGNISSE SEHEN JA SOWEIT GANZ GUT AUS. ABER... IHR EBAY-BEWERTUNGSPROFIL...
ZUR HÖLLE MIT DIR, TOBI76!
Ruthe

ACH, DEM FEINEN HERRN ISSES WOHL NICH SAUBER GENUG, WAS?

MÄNNER! ICH FÜRCHTE, WIR HABEN EINEN BETRÜGER UNTER UNS!
ICH HAB'S IMMER GESAGT!
Rattre

TASCHENTUCH?
NEIN, DANKE! WENN ICH JETZT ONANIERE, VERPASSE ICH WIEDER MEINE HALTESTELLE!

500.000! ODER ICH VERSCHÜTTE ALLES!
OH MEIN GOTT! EIN ERPRESSO!
ROBERT, ZAHL BESSER!

ES TUT MIR LEID! ABER EIN PATENT FÜR HÄHNCHEN-BRUST-FORMFLEISCH GIBT ES BEREITS!
UND ICH ARSCHLOCH QUETSCH MICH IN DAS TEIL HIER!?!

MAX WOLLTE EIN ÄFFCHEN, JOANNA EIN PONY...
DA HABEN WIR EIN GÜRTELTIER GEKAUFT! DANN SIND WENIGSTENS BEIDE UNZUFRIEDEN!

GUT, DASS DU ANRUFST! DER EMPFANG WIRD GRADE SCHLECHT!

Wir hab en
Ihre
Tag es -
Zeit ung !
Z ER schnitten

WAS ZUM...?!? **NOCH EINE** WIEDERGEBURT??

GUCK MAL, WAS ICH GEKAUFT HAB, SCHATZ! DAS IST JETZT, ALS WENN WIR IMMER UNSER HAUS DABEI HABEN!
JAN, ICH WILL DIE SCHEIDUNG.

MAXIMAL
3 TEILE

HARRRR! KENNEN SIE DAS, WENN'S JUCKT, WO MAN NICHT RANKOMMT?
HALT BLOSS DIE FRESSE, MANN!!!

KAUGUMMIS? DURCH DIE HERREN-OBERBEKLEIDUNG DURCH, AN DER FAHRRADABTEILUNG VORBEI, NACH DER BETTENABTEILUNG LINKS!
IRRE, DIESE MODERNEN TANKSTELLEN.

LAICA? HIER IST BALKO! KOMM RÜBER, ICH HAB MIR HEUTE FREIGENOMMEN!

SETZEN SIE IHRE BRILLE AUF, HERR BRAUNS! ICH SCHWÖRE, DAS **IST** KEIN ZÄPFCHEN...

MAMA? WARUM HAB ICH ZWEI BAUCHNABEL?
FRAG MAMA!

GUTEN TAG! HABEN SIE EINEN AUGENBLICK ZEIT FÜR EINE UNTERSCHRIFTEN-AKTION?
GETRÄNKEMARKT?? HIER NICHT!!!

TOLL! WIEDER NUR NOCH SITZ-PLÄTZE...
U
Ruthe

DEKADENT, WA?
EIN DESIGNER-FAHRRAD
FÜR 2000 EURO!
DEKADENT, WA?
LAUFSCHUHE.

Wollt ihr den totalen Krieg?
ja
nein
vielleicht
Ratte

TATSÄCHLICH, 376! ICH HÄTTE SIE LOCKER 100 JAHRE JÜNGER GESCHÄTZT!
HIHIHI! ACH, SIE SCHMEICHLER!
Rattke

HALLO SCHATZ? ALLES OKAY ZUHAUSE? HIER ERZÄHLEN MIR NÄMLICH WILDFREMDE LEUTE, MEIN STALL STÄNDE SPERRANGELWEIT AUF!
Rattke

OH GOTT!
KEIN PAPIER MEHR!?!

DU DA OHNE BADEKAPPE! RAUS!
ZAHLEN, BITTE.

WIR ERNÄHREN UNS JETZT OVOLAKTISCH!
UND SIND SELBST-VERSORGER!
WARUM MACHEN WIR DAS NICHT AUCH, SCHATZ?

OOOCH, HAM SIE DICH EINFACH ANGEBUNDEN?
SCHEISSE, MANN!
DER TRAMPER KLAUT MEIN AUTO!!!

EIN BISSCHEN MAKABER FIND ICH'S JA SCHON...
THEO WOLLTE ES SO! ER HATTE EINEN ORGANSPENDE-AUSWEIS!

SCHÖN GEWORDEN, DEIN SCHNEE-ENGEL!
DEIN EIS-ZAPFEN ABER AUCH!
ACH, KOMM...

DIE ROTE IST EIN PLACEBO, DIE BLAUE IST EIN PLACEBO UND NACH DER GRÜNEN WISSEN SIE NICHT MEHR, DASS DIE ANDEREN BEIDEN PLACEBOS SIND.

SIND SIE WAHN-SINNIG, MIT 190 DURCH DEN ORT ZU HEIZEN?
SIE MÜSSEN ENTSCHULDIGEN! MEINE FRAU BEKOMMT EIN BABY!
PF
PF
PF

IST ES WAS ERNSTES?

ICH SEH GRADE, ES IST KEIN PLATZ FÜR NEUE! WIR SCHICKEN SIE EINFACH WIEDER HEIM UND SIE BEKOMMEN STATT-DESSEN DIE HAND-WERKER INS HAUS!

MAX-FLORIAN! HÖR AUF, DEINEN KLEINEN BRUDER ZU ERSCHRECKEN!

SCHALT BITTE UM, MAMA! DU WEISST DOCH, ICH HAB ANGST VOR CLOWNS!
GLEICH, MARCO! ERST MÖCHTE MAMA DIR DEINEN NEUEN PAPA VORSTELLEN...

HAST DU ZUGENOMMEN?

ICH HEISSE JAN UND ICH BIN SÜCHTIG NACH AUFMERKSAMKEIT!!!
HALLO JAN!!!

MAMA? WAS MACHT MAN BEI NASHORN-BLUTEN?
KOPF IN DEN NACKEN!

POH! WIE ECHT!
STAU SIMULATOR 3000
Ruthe

DAMIT DER JUNGE BEI TISCH ENDLICH MAL STILL SITZT!
Rattel

MITNEHMEN ODER HIER ESSEN?
Ruthe

DU WILLST DICH STREITEN? DAS KANNST DU HABEN! ABER LASS GEFÄLLIGST DIE KINDER AUS DEM SPIEL!
Rattu

MAMA? HAB ICH ZEHN MINUTEN ZEIT FÜR GOTT?
Rattelschneck

KÖNNEN SIE AUCH NOCH WAS ANDERES ALS „KLEINE KINDER FRESSEN"?
SIE SAGEN DAS SO ABWERTEND.

SCHEISS-JOB!

WEIL SIE MIR SYMPATHISCH SIND, LASSE ICH IHNEN DIESEN KOMPLETTEN PIRATEN FÜR 20 EURO!
WO IST DER HAKEN?

MEINEN SIE, ICH MERKE NICHT, WAS SIE UNTERM TISCH MIT MEINER FRAU TREIBEN???

WAPP!!
Ruthe

HE! WEITER NACH LINKS!
MEIN LINKS ODER SEIN LINKS?
Ruthe

MAXIMAL 3 SÜNDEN PRO KABINE
Ruthe

BEVOR SIE SICH WER-WEISS-WIE-TOLL FINDEN: ICH WOLLTE SOWIESO GRAD MAL AN DIE FRISCHE LUFT!
Ruthe

BEI ROT! VOR DEN KINDERN!

ICH BRAUCHE EINEN PRÄSENTKORB FÜR EINEN TROCKENEN ALKOHOLIKER, DER GEGEN SÜDFRÜCHTE ALLERGISCH UND EIN VEGAN LEBENDER DIABETIKER IST!
NEHMEN SIE DEN HIER! DA IST EIN RADIERGUMMI DRIN!

MEINEN SIE JETZT, WAS ICH SEHE, ODER DIE STIMMEN?

BILD ICH'S MIR EIN, ODER WIRD DAS SCHLAG-LOCH IN DER EINFAHRT IMMER GRÖSSER?

SEINE GRÖSSTE ANGST WAR IMMER, LEBENDIG BEGRABEN ZU WERDEN!

IHR FLEISCH SCHMECKT JA ECHT SCHEISSE, ABER DAS HIER IS SUPER!

ICH HABE EINEN BRUDER? WO IST ER?
ES GAB EINEN UNFALL!

WIPP
WAPP
WIPP

MÖCHTEN SIE VIELLEICHT JEMANDEN ANRUFEN?
MILLIONÄR

GROSSARTIG! JETZT BRAUCHEN WIR NUR NOCH EINEN BLITZ!
KOMMT, MEISTER!

MEIN GEPÄCK!

ARGNAFBS HURWABLDN?
URGLMA! RAGANNIF GLRKSNT...
HAGZN.

- Ohne Worte -

AUSTAUSCH-
JAHR...
WAS FÜR NE
SCHEISS-IDEE!

ZECKEN? ICH
HABE ZECKEN?
ABER... ABER
WOHER?
DRAUSS
VOM
WALDE.
DAS IST
ALLES
**MEINE**
SCHULD!

IST ES EIN
JUNGE ODER
EIN MADCHEN?
ZACK.
DAS ERSTE
TRAUMA.

NANU? WIESO
SIND BEI EUCH
ÜBERALL
FLECKEN IM
TEPPICH?
DER JUNGE
HAT NEUER-
DINGS EIN
HAUSTIER...

ICH KANN SIE BERUHIGEN: ES IST KEINE GÜRTELROSE!
FAST!
DU WOLLE KAUFE?

SUPERMARKT
SCHNELL-KASSE

HERR DOKTOR? ES IST UNGLAUBLICH: **DIE STIMMEN IN MEINEM KOPF SIND VERSCHWUNDEN!**
RÜLPS

ABER WENN DAS GODZILLA IST, WIESO SITZT ER DANN IN EINEM MAXI-COSI?

LUKE ... ICH BIN DEIN VATER!
UFF! ICH DACHTE SCHON DU SAGST, DEINE DINGER SIND NICH ECHT!

QUIK QUIK
QUIK

VORSICHT! KROKODILE SEHEN IM WASSER MANCHMAL AUS WIE HARMLOSE BAUMSTÄMME!
BEI „DREI" SCHNAPPEN WIR ZU! VERSTANDEN, JOSEF? HE! HE, JOSEF!

DER DA WAR'S! NEIN, DER RECHTS DANEBEN! JA, GENAU DER!
WUNDERBAR! JETZT MAL DAS LINKE AUGE ...
DER DA WAR'S!
NEIN, DER RECHTS DANEBEN!
JA, GENAU DER!

HE! WIE LANGE WOHNEN SIE DA SCHON?
38 JAHRE! ZAHLEN WIR ETWA **BEIDE** VOLLE MIETE?
Ruthe

HIER IST DIE TINNITUSKLINIK BAD GODESBERG! SPRECHEN SIE NACH DEM PIEP.
Rötter

DAS MÄNNCHEN NIMMT NUN EIN HANDTUCH UND MARKIERT DAMIT SEIN REVIER...
KNURPS
Ratte

„SCHEISSE AUSSEHN EINHUNDERT", BITTE!
OH-OH.
€ 600
€ 0
Rathe

IRGENDEIN COOLER SPRUCH
Hier Pointe!!!
LIEBER RODRIGUEZ!
DU MACHST DA SCHON WAS DRAUS, WIE IMMER!
xxx Ralph
PS: NOCH BÖSE WEGEN DER GEHALTSKÜRZUNG? :-)

HUNDE-
FÄNGER

Heute:
ALL YOU CAN EAT-BUFFET
QUIK QUIK QUIK

ELKE? HIER IST JEMAND, DER BEHAUPTET, ER SEI DEIN SOHN!
DER SCHÖNE HOLZFÄLLER VERSCHONTE MICH! ICH WAR DANKBAR!

JUNGER MANN! ICH HABE GESAGT ES WIRD AUFGEGESSEN! VERSUCH NICHT, MICH REINZULEGEN!

SUCHE MITFAHR-GELEGENHEIT!

DAUERHAFTE
HAARENTFERNUNG

Adieu

DIE KINDER HABEN SCHON WIEDER MIT DEM ZÜND-SCHLÜSSEL GESPIELT!
P

BITTE ZIEHEN SIE EINE NUMMER

KOMISCH. ICH HÄTTE WETTEN KÖNNEN, DIESE FARBE STEHT IHNEN...
JEROME! DAS MACHST DU DOCH MIT ABSICHT!
PFF...
Ratter

HERR INSPEKTOR? DIE FRAU DES OPFERS WÄRE JETZT HIER...
Ruthe

JA, SCHON NICHT SCHLECHT, WAS DER HERR KOLLEGE DA MACHT! ABER ZIEHN SIE DOCH MAL EINE KARTE!
IRGEND-EINE?
Ratte

MEIN ERSTES BLIND-DATE! UND BEI IHNEN?
MEIN LETZTES.
Rütter

ZUM LETZTEN MAL, VIERAUGE! ICH BIN NICHT „COCO“!
WER BRINGT DIR NUR DIESE BÖSEN WORTE BEI, COCO?
Trihl

SITZ GRADE!
Rutter

# HOW SHIT HAPPENS!

Am Anfang von jedem Cartoon steht immer die Idee.

Meistens entstehen Gags während konsequenter Brainstormings am Küchentis
oder auf langen Autofahrten. Auf jeden Fall ist eigentlich immer Koffein im Spie
Was mir dabei einfällt, schmiere ich als allererste Skizze auf ein Blatt.

Auf dieser Skizze ist oft nicht viel mehr zu sehen als ein kryptisches Gewimmel aus Worten und Stricheleien.

Daraus wurde in diesem Fall der Gag hier rechts. Wer hätt´s erkannt?

Manchmal aber sind sich der erste Entwurf und die fertige Reinzeichnung sogar schon sehr ähnlich.
Das ist vor allem dann der Fall, wenn es sich um einen Gag handelt, bei dem mir zuerst der Text einfällt.

Skizzen überarbeite ich vor der Reinzeichnung zunächst zum „Scribble".
„Scribbles" sind schon klar erkennbare Entwürfe, die ich einigen Freunden zeige, um die Qualität und Verständlichkeit des Gags zu testen.

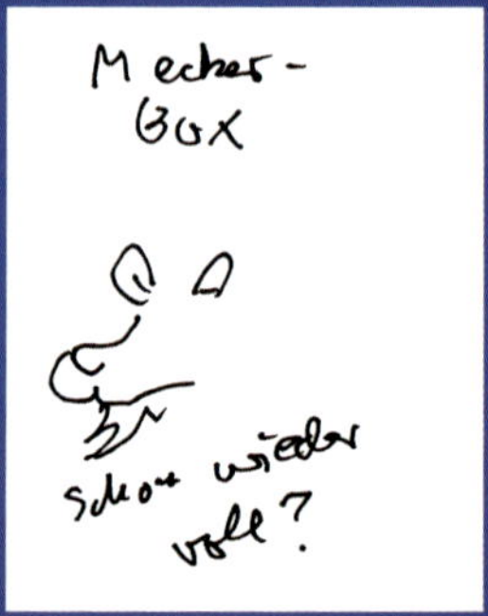


Skizze

Scribble

HOW SHIT HAPPENS!

wei weitere schöne eispiele dafür, wie weit 'eg oder nah dran ein cribble von dem endgültig Tusche gezeichneten und m Rechner colorierten artoon sein kann, eht man hier:

ei A) wusste ich nur, ass ich einen Löwen mit auerwellen-Mähne zeichnen nd das Wort „Papilotten“ enutzen wollte. Erst viel päter hatte ich noch die lee mit den Antilopen.

ei B) war die Szene von Anfang n 1:1 so in meinem Kopf, wie ich e anschließend gezeichnet habe. ier begann alles mit dem Spruch, ı dem ich unbedingt ein Bild eichnen wollte.

Beispiel A)

Beispiel B)

zwischen hat sich eine Menge nicht verwendeter Scribbles angesammelt. Alle paar 'ochen krame ich darin herum und wenn ich mir das eine oder andere anschaue acht es mit einem Mal KLICK - ich weiß, wie ich die Idee doch noch zum Cartoon achen kann. Bei den folgenden Scribbles wird das aber wohl niemals der Fall sein . . .

# HOW SHIT HAPPENS!

**Wirklich** witzige Cartoons findet ihr jede Woche auf www.ruthe.de

**Ralph Ruthe**, Jahrgang 1972, ist Autor, Musiker, Filmemacher und Cartoonist. Außerdem tritt er deutschlandweit auf Kleinkunstbühnen mit einer Mischung aus Lesung, Comedy und Multimediashow auf.

Seine mehrfach preisgekrönte Cartoon-Serie **SHIT HAPPENS!** erscheint in vielen Magazinen und Tageszeitungen und als sehr erfolgreiche Buchreihe im In- und Ausland.

Mehr über, von und mit Ralph Ruthe gibt es auf seiner regelmäßig aktualisierten Homepage **www.ruthe.de**.

**SHIT HAPPENS!**
– DAS GROSSE TRÖSTBUCH –
2 3 4 5 13 12 11 10

SAMMELAUSGABE VON SHIT HAPPENS! DAS TRÖSTBUCH/
SHIT HAPPENS! DAS ZWEITE TRÖSTBUCH/SHIT HAPPENS! DAS DRITTE TRÖSTBUCH
HERSTELLUNG: ANIMAGIC BIELEFELD, CONSTANZE HINZ
DRUCK UND BUCHBINDERISCHE VERARBEITUNG:
HIMMER AG, AUGSBURG

ISBN 978-3-551-68059-4
PRINTED IN GERMANY